[illegible]

Made in the USA
Monee, IL
20 November 2022

18210162R00070